청소년 제자훈련
인도자 지침서 2

작은
예수가 되라

국제제자훈련원은 건강한 교회를 꿈꾸는 목회의 동반자로서 제자 삼는 사역을 중심으로
성경적 목회 모델을 제시함으로 세계 교회를 섬기는 전문 사역 기관입니다.

청소년 제자훈련 2

작은 예수가 되라 인도자 지침서

초판 1쇄 발행 2009년 1월 28일
초판 9쇄 발행 2022년 2월 11일

지은이 사랑의교회 어린이 주일학교

펴낸이 오정현
펴낸곳 국제제자훈련원
등록번호 제2013-000170호(2013년 9월 25일)
주소 서울시 서초구 효령로68길 98(서초동)
전화 02)3489-4300 **팩스** 02)3489-4329
이메일 dmipress@sarang.org

ISBN 978-89-5731-334-3 03230

※책값은 뒤표지에 있습니다. 잘못된 책은 구입하신 곳에서 교환해 드립니다.

청소년 제자훈련

인도자 지침서 2

작은
예수가 되라

국제제자훈련원

왜 제자훈련이 필요한가?

"예수께서 나아와 말씀하여 이르시되 하늘과 땅의 모든 권세를 내게 주셨으니 그러므로 너희는 가서 모든 민족을 제자로 삼아 아버지와 아들과 성령의 이름으로 세례를 베풀고 내가 너희에게 분부한 모든 것을 가르쳐 지키게 하라 볼지어다 내가 세상 끝날까지 너희와 항상 함께 있으리라 하시니라" • • • 마태복음 28:18-20

이 말씀은 갈릴리에서 예수님께서 승천하시는 모습을 직접 목격한 열한 제자에게 주어진 명령이지만, 오늘날 교회의 모든 성도들에게 주신 명령이기도 하다. 성도는 남녀노소 구분 없이 예수 그리스도를 마음으로 믿고, 입으로 시인하는 모든 사람들을 말한다. 그렇기에 예수님이 유언처럼 남기신 가장 큰 명령인 대사명大使命 앞에서 성도라면 어느 누구도 예외일 수 없다. 이 대사명을 온전히 받들어 삶의 모든 영역에서 온몸으로 실현해야 하는 것이다. 하지만 오늘날 기독 청소년들은 사도들이 주님으로부터 직접 받은 대사명을 자신들도 계승해야 한다는 것을 모르고 있는 것 같다. 마치 이 대사명이 특정한 사람들의 전유물인 것처럼 여긴다. 교회 자체가 사도들이 받은 사명을 계승하고 있는데, 교회의 중요한 지체인 청소년들이 어찌 그 사명에서 자유로울 수 있는가? 이 사명에서 예외인 성도는 아무도 없다. 성도라면 누구나 이 사명을 위해 헌신할 각오가 되어 있어야 한다.

그렇다면 대사명에서 첫 번째로 말씀하고 있는 "제자로 삼는 것"은 어떻게 가능할까? 모든 민족을 제자로 삼기 위해서는 우선 자신이 제자로 만들어져야 한다. 이것이 되어야 그 이후의 말씀들도 실천할 수 있다. 예수님의 제자가 된 사람만이 먼저 제자로 삼는 사명을 감당할 수 있다. 물론, 이제 갓 믿고 예수님 앞으로 돌아온 초신자도 제자요, 모태신앙으로 어릴 때부터 예수님을 믿고 교회에 오래 다닌 사람도 제자요, 열심히 배우면서 성숙한 믿음을 갖기 위해 애쓰는 사람도 제자임에는 틀림이 없다. 하지만 영적인 수준에서 보면 이런 제자 간에는 큰 차이가 있는 것이 사실이다. 말씀의 훈련이 되어 있지 않은 사람보다 배우고 지키는 훈련을 받은 사람이 제자의 삶에서 훨씬 앞서 있다는 것이다. 그러므로 예수님을 자신의 주님으로 고백한 사람은 제자가 되기 위해 훈련을 받는 것이 아니고, 제자이기 때문에 훈련을 받는 것이다.

제자이기 때문에 훈련을 받아 주님의 인격을 전적으로 따르는 자가 되어야 한다. 주님의 인격을 전적으로 신뢰하고 따르기 위해서는 모든 것을 내버리는 자기 포기가 있어야 한다. 포기를 못하는 사람은 따라가지 못한다. 자기를 부인하고 십자가를 지고 예수님을 따라야 한다막 8:34. 이것은 저절로 되지 않는다. 많은 진통과 뜨거운 눈물이 필요하다. 비록 더딜지라도 이러한 변화가 일어나는 자리에 한 차원 높은 제자로 거듭나는 일이 펼쳐질 수 있다.

두 번째로 복음의 증인이 되어야 한다. 예수님은 세상에서 자기를 증거할 사람들을 부르셨다. 그래서 증거 또는 증인이라는 말이 제자로 부르셨다는 말과 같은 의미로 자주 사용된다. 예수님의 십자가와 부활을 직접 목격한 사도들이 그 사실을 직접 전한 것처럼, 증인은 사도들의 증거를 듣고 믿게 된 그것을 다른 사람 앞에서 고백하는 사람이다. 스데반은 사도들처럼 직접 예수님의 십자가와 부활을 목격한 것은 아니었지만 증인으로 부르심을 받았다. 진정한 제자는 훈련을 받아 복음의 증인이 되어야 한다.

마지막으로 섬기는 종이 되어야 한다. 종이라는 말은 낮은 신분을 나타내는 것으로, 제자가 된 사람이 그리스도 안에서 어떤 사람이 되어야 하는가를 말해 주고 있다. 제자에게 종의 직분은 예수님이 보여 주신 모범이므로 결코 피할 수 없는 것이다. 예수님은 종의 몸을 입고 세상에 오셨다. 예수님의 생애는 이 세상을 사랑하여 자기를 아끼지 아니하고 희생하는 헌신의 과정이었다. 제자는 이런 예수님의 모습을 꼭 닮은 사람이다.

이렇듯 세 가지의 요소가 삶의 영역 속에서 분명히 드러날 때 진정한 제자라고 할 수 있을 것이다. 그리고 이러한 제자가 또 다른 사람, 또 다른 민족을 제자로 삼을 수 있다.

청소년들은 청, 장년에 비해 아직은 어리고, 작고, 약하다. 하지만 청소년 시절에 예수님을 믿고 신앙생활을 하게 한 것에는 주님의 분명한 뜻이 있다. 비록 약하지만 예수님처럼 걷고, 말하고, 생각하며 평생을 온전히 예수님의 제자로 살아가게 하기 위함이다. 제자훈련을 통해 그러한 영광스러운 삶의 첫 출발을 하길 바란다. 하나님께서 당신을 통해 이루실 큰 일을 기대한다.

그 작은 자가 천 명을 이루겠고 그 약한 자가 강국을 이룰 것이라 때가 되면 나 여호와가 속히 이루리라 • • • 이사야 60:22

편집위원

청소년 제자훈련
인도자 지침서 2

작은 예수가 되라

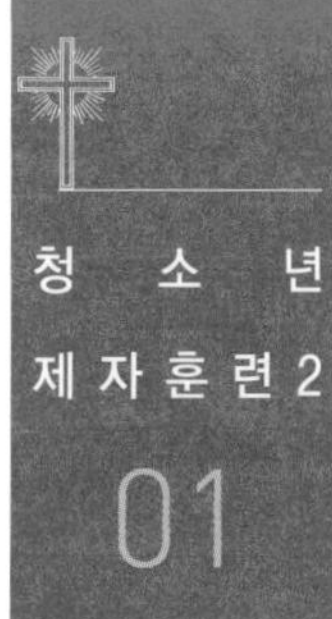

순종의 생활…

목 적 예수님의 제자가 된다는 것은 예수님께 순종하는 삶임을 알고 실천하게 한다.

우리의 행위로 구원받는 것이 아니라고, 이렇게 살아도 되는 걸까요?

학생들과 함께 도입 부분의 카툰을 보며 이야기를 나눈다. 자신들이 구원을 받았다고 생각하고 있는지, 그렇다면 구원은 어떻게 받는 것인지를 이야기하도록 한다. 믿음으로 구원을 받는 것이라면 카툰에 나와 있는 아이처럼 살아도 되는 것인지를 질문하고, 그렇지 않다면 그 이유는 무엇인지 학생들이 서로의 의견을 말해 보도록 한다.

도입질문

1) 여러분은 구원받았나요?
2) 구원은 어떻게 받는 것인가요?
3) 믿음으로 구원받았다고 해서
   여기에 나와 있는 아이처럼 살아도 될까요?
4) 이 아이처럼 살면 안 되는 이유가 무엇일까요?

1 요한복음 10장 11절에서 예수님은 자신을 누구라고 말씀하고 있는가? 그렇다면 우리는 무엇으로 비유할 수 있는가?

예수님 – 선한 목자, 우리 – 양

2 요한복음 10장 3-5절에서는 양이 목자를 얼마나 잘 알고 철저히 따르는지 눈으로 보듯 묘사해 주고 있다. 어떤 모습을 보여주고 있는가?

목자는 자기의 양을 불러 인도하여 내놓은 후에 앞서 가고, 양은 목자의 음성을 듣고 알아 다른 사람에게서는 도망가고 자기 목자만 따라간다.

팔레스타인에서는 흔히 한 우리 안에 주인이 다른 양떼를 함께 넣어 두었다. 아침이 되면 목자는 자기 양들의 이름을 하나씩 불러 다른 목자의 양들과 구별해 내었다. 아무리 목자의 소리를 흉내내어 양들의 이름을 부른다 해도, 양들은 주인의 음성을 분별하고 주인만을 따른다고 한다. 이러한 양과 목자의 관계를 설명하면서 양인 우리가 목자인 예수님을 어떻게 따라야 할지 함께 이야기한다.

3 하나님의 자녀 된 우리는 모든 일에 주님께 순종해야 한다. 그 이유는 무엇인가?(요 10:27)

예수님의 음성을 듣고 예수님을 따르는 것을 보면 예수님의 양, 즉 하나님의 자녀임을 알 수 있다. 그러므로 우리가 하나님의 자녀라면 모든 일에 주님께 순종해야 한다.

우리는 예수 그리스도의 양이기 때문에 범사에 주님께 순종해야 한다. 양은 목자의 음성을 듣고, 알고, 따른다. 그러므로 우리도 주님의 음성을 듣고, 알고, 따라야 하는 것이다. 예수님은 너희가 내 말에 거하면 내 제자가 된다고 말씀하셨다(요 8:31). 믿는 자라고 다 주님의 양이 아니라, 주님의 말씀 안에 거하는 자, 즉 그 말씀을 듣고 알고 따르는 자가 주님의 양인 것을 학생들과 함께 이야기한다.

4 어느 때 우리는 예수님의 음성을 정확하게 분별하고 따를 수 있는가?

5 예수님의 음성을 따른다는 것은 우선적으로 그분의 말씀에 순종하는 것을 의미한다. 이 순종은 억지로 하는 복종이 아니다. 어떤 마음으로 하는 것이 순종인가?(요 14:15)

예수님을 사랑하는 마음으로 계명을 지킴(순종함).

참된 순종은 사랑하는 마음에 그 뿌리를 두고 있다. 이성교제 하는 학생들의 경험을 들으면서 사랑하는 사람의 말을 잘 듣는 우리의 모습을 돌아보게 한다. 우리가 하나님의 말씀에 순종하지 않는다면 그만큼 하나님을 사랑하는 마음이 부족하다는 증거는 아닌지 서로 이야기 나눈다.

6 예수님을 사랑하여 순종하는 자에게 주시는 복은 무엇인가?(요 14:21)

하나님께 사랑을 받고, 예수님도 사랑하여 자신을 나타내 주심.

우리는 모두 하나님께 사랑받고 싶어 한다. 성경에서는 하나님께 사랑받는 방법을 가르쳐주고 있는데, 그것이 순종이다. 또한 예수님은 순종하는 자에게 자신을 나타내 주신다. 주님을 더 많이 알고 싶고, 더 깊이 사귀고 싶다면 순종하면 된다. 하나님께 순종하지 않으면서 사랑만 받기 원하고 있지는 않은지 서로의 모습을 돌아보며 반성해 본다.

7 입으로는 예수님을 사랑한다고 하면서도 순종의 모습이 없었다면 그것에 대해 회개하는 기도문을 써보라.

8 예수님의 음성을 듣고 따른다는 것은 그분의 말씀에 순종한다는 의미도 있지만, 예수님을 본받는다는 의미도 있다. 예수님이 우리에게 보여 주신 본은 어떤 것인가?

1 요한복음 4장 34절

하나님의 뜻을 행하며 하나님의 일을 온전히 이루었음.

2 요한복음 8장 29절

하나님이 기뻐하시는 일을 행하였음.

빵과 물이 육신의 생명을 유지하기 위한 절대 요건인 것처럼 주님께는 순종이 자기 영혼의 생명을 좌우하는 절대 요건이었다. 또한 예수님은 자신의 순종이 하나님과 동행하는 생활의 조건인 것처럼 말씀하고 계신다. 물론 우리가 순종하지 않는다고 하나님이 우리를 금방 떠나시지는 않겠지만, 하나님은 순종하지 않는 자와 동행하기를 기뻐하지 않으신다. 혹시 하나님이 자신과 함께하시지 않는다는 느낌을 받아본 적이 있는지, 그리고 그때가 어떤 상황이었는지 함께 이야기해 본다.

9 예수님의 본을 따라 하나님을 기쁘시게 한 경험이 있는지 생각해 보고 적어보라.

10 예수님은 마태복음 7장 24-27절에서 순종의 중요성을 말씀하고 있다. 본문에 나오는 두 가지 종류의 집을 그려보자.

11 마태복음 7장 24-27절에서 비가 내리고 창수가 나고 바람이 분다는 것은 무엇을 비유하는 말인가?

결정적인 위기의 순간.

12 비가 내리고 창수가 나고 바람이 불 때 모래 위에 지은 집이 무너지는 것처럼 순종하지 않는 믿음은 결정적인 위기에서 지탱할 수 없다. 이 사실에 대해 두려움이 느껴지지 않는가?

13 홍수가 터지기 전에는 그 집이 반석 위에 있는지 모래 위에 있는지 잘 알 수 없다. 믿음도 마찬가지다. 순종하는 믿음인지 혹은 그렇지 않은 믿음인지, 평안할 때에는 잘 알 수 없다. 자신의 믿음이 순종이라는 반석 위에 세워져 있는지 생각해 보라.

참된 믿음은 반드시 순종한다. 구원받는 믿음은 반드시 주님을 사랑하고, 그 사랑 때문에 기쁘게 순종한다. 학생들과 함께 과연 순종이라는 반석 위에 자신의 믿음이 세워져 있는지를 이야기하고, 그렇게 생각한 이유가 무엇인지 나눈다.

14 믿기만 하면 구원받기 때문에 순종은 별로 중요하지 않다고 주장하는 사람들이 있다. 순종의 중요성을 강조하는 야고보서 2장 18절을 찾아 다음 빈칸을 채워보라.

나는 (행함)으로 내 (믿음)을 네게 보이리라.

순종 없는 믿음은 진정한 믿음이 아니라는 것을 강조한다.

15 자신의 믿음을 순종이라는 반석 위에 세우기 위해 가장 먼저 고쳐야 할 것이 무엇인지 생각해 보고 함께 이야기해 보라.

카툰의 주인공을 다시 한 번 살펴보면서 자신과 닮은 모습이 없는지를 돌아본다. 그 외에도 자신이 고쳐야 할 부분을 고민하고 함께 이야기해 본다. 교사가 먼저 자신의 허물을 고백하고 결단해야 한다.

봉사의 의무...

목 적 예수 그리스도의 제자로 훈련받는 목적은 무엇을 배우고 얻는 데 있지 않고 예수님처럼 섬기고 헌신하는 데 있다는 것을 알려 준다.

머리만 큰 비정상적인 제자가 된 이유는 무엇일까? 무엇이 부족한지 함께 이야기해 보자.

학생들과 함께 도입 부분의 카툰을 보며 이야기 나눈다.
머리만 커지고 몸은 빈약해진 이유가 무엇인지 함께 이야기해 본다.
예수님의 제자는 제자도를 배울 뿐만 아니라 그것을 실천하는 삶을 살아야 함을 이야기하며, 특히 학생들이 교회에서 어떤 봉사들을 하고 있는지 함께 이야기해 본다.

도입질문

1) 머리만 큰 비정상적인 제자가 된 이유는 무엇인가? 무엇이 부족한 것인가?
2) 자신이 지금 교회에서 하고 있는 봉사는 무엇인가?

1 누가복음 22장 24-27절에서 예수님은 서로 다투는 제자들을 향해 무엇을 교훈하고 계시는지 살펴보자.

1 **제자들은 지금 어떤 자리에서 다투고 있는가?**(참고 / 14-15절)

유월절 만찬 자리.

이 유월절 만찬은 예수님이 체포되시기 전, 제자들과 마지막으로 가지신 '최후의 만찬' 이었다. 십자가의 고난을 앞두시고, 이제까지 함께 활동해 온 지난날의 모든 추억들을 제자들의 마음속에 되살리고 계셨다. 자신의 일을 제자들이 실천해 주기를 기대하면서 유언과도 같은 말씀을 남기시는 바로 그 자리에서 제자들은 지금 다투고 있다.

2 **12제자들이 싸우고 있었던 내용은 무엇인가?**(24절)

누가 크냐 하는 다툼, 즉 누가 우두머리냐 하는 것으로 다투고 있었다.

예수님은 자신의 죽음을 미리 내다보고 계셨기 때문에 마지막으로 제자들과 함께 개인적인 시간을 가지고 계셨다. 예수님은 그들에게 '서로 사랑하라' 는 새 계명을 주시고(요 14-16장), 성찬 예식을 제정하심으로써 자신의 죽음이 갖고 있는 구속사적 의미를 가르치시고자 했다. 본 절은 그 이후 예수님이 제자들 가운데 배신자가 있을 것임을 말씀하시자, 제자들이 배신자에 관해 이야기하다가 주제를 바꿔 차후에 차지하게 될 자신들의 위치에 관해 이야기하는 장면을 보여 준다. 이러한 제자들의 자리다툼은 이전에도 여러 번 있었던 것이었지만(눅 9:46; 막 9:33-35, 10:35-41), 지금 이 장면에서는 너무나 어울리지 않는 모습이다.

3 3년 동안이나 예수님 곁에서 배웠던 제자들의 이런 모습에서 보게 되는 문제는 무엇인가?

예수님께 받았던 가르침과 훈련들이 삶의 모습으로 실천되고 있지 않은 점.

예수님이 제자들을 부르시고 훈련시키신 이유는 제자들이 예수님이 하셨던 일들을 이어받아 계속해 나가기를 원하셨기 때문이다. 오늘날도 우리가 교회 안에서 교육과 훈련을 받는 이유는 예수님의 제자로 일하고 섬기기 위함이다. 지행합일(知行合一)이라는 말이 있듯이 실천되지 않는 지식은 죽은 것이나 마찬가지다. 제자들의 문제는 바로 그것이었다.

4 예수님은 하나님 나라의 리더십과 세상 나라의 리더십이 다르다고 말씀하신다. 어떻게 다른지 비교해서 설명해 보라(25-26절).

세상 나라의 리더십	하나님 나라의 리더십
1. 주관함 – 군림하고 지배한다. 2. 은인이라 칭함을 받음 – 자신의 위대함을 자랑하며 칭송받기 원한다.	1. 젊은 자(섬기는 자, 종)와 같아야 함 – 겸손하고 잘 순종해야 한다. 2. 섬기는 자와 같아야 함 – 누가 알아주건 알아주지 않건 간에 낮은 곳에서 섬기는 자이어야 한다.

세상 나라 지도자는 통치하고 억압하는 데서 권위를 세우고 존경을 받지만, 하나님 나라의 지도자는 낮아진 자리에서 섬김으로 그 권위를 인정받는다.

5 **예수님은 자신을 어떤 사람으로 묘사하셨는가?**(27절) **또 그렇게 생활하신 예수님의 구체적인 예를 몇 가지 이야기해 보라.**

섬기는 자 – 제자들의 발을 씻기신 일.

당시 스승의 지위와 권위는 제자들에게는 대단한 것이었다. 그러나 예수님은 선생으로서 군림하기보다 친히 종이 되셔서 제자들의 발을 씻기셨을 뿐 아니라(요 13:1-11), 본문에서는 제자들의 식사 시중을 들고 계신다(17-20절). 그 밖에도 예수님은 아무도 말 걸지 않는 사람들에게 말을 건네셨고, 사회에서 가장 천대받던 자들과 식탁을 함께하셨고, 만질 수 없는 자를 만지셨으며, 그분의 지상에서의 생애는 빌린 구유로 시작해서 빌린 무덤으로 지상에서의 생애를 끝맺었다.

6 **예수님의 제자라면 예수님의 삶을 따라가야 한다. 예수님이 제자들에게 요구하신 삶의 모습은 한마디로 어떤 것인가?**(26-27절)

섬기는 자, 즉 하나님 종으로서의 삶.

받은 것은 반드시 주어야 하고, 주는 자가 받는 자보다 복이 있다는 것이 천국의 황금률이다. 따라서 예수 그리스도의 제자로 훈련받는 목적이 무엇을 배우고 얻는 데 있지 않고 헌신하는 데 있다는 사실을 꼭 인식시켜야 한다. 일반적으로 봉사라고 하면, 남을 섬기는 행위를 말한다. 그리스도인은 교회 안에서나 밖에서 섬기는 자로 살아야 한다. 무엇이든지 주님께 영광이 될 수 있는 일이라면 기쁨으로 봉사할 준비를 하고 있어야 한다. 가끔 성경 말씀은 많이 알고 다른 사람들을 잘 가르치는데, 봉사하는 자리에서는 대단히 느리고 소극적인 사람들을 교회 안에서 보게 된다. 말씀의 은혜가 봉사의 생활로 이어지지 않으면 그것은 남에게 무거운 짐을

지우고 자기는 손가락 하나 까딱하지 않는 율법사들과 다름없는 위선자라 해야 할 것이다. 제자훈련을 받는 이유가 어디에 있는가? 예수님처럼 섬기려고 하는 데 있지 않는가?

7 **갈수록 자기를 낮추고 봉사하려는 친구들을 찾아보기가 어려워지고 있다. 섬기는 일은 교사들이 하면 되고, 학생들은 그저 교회에 나와 주는 것만으로도 고맙다고 여기는 풍토들이 많아지고 있다. 예수님을 믿는다는 것은 예수님을 모델로 하여 살아가는 예수님의 제자가 된다는 것이다. 앎에만 머물러 있었던 12제자들처럼 나 역시 섬김과는 무관한 삶을 살고 있지는 않은가?**

갈수록 교사를 하려는 사람들과 학생회를 섬기려는 봉사자들의 숫자가 줄고 있을 뿐 아니라 헌신도도 떨어지고 있다. 그런 이유가 무엇인지, 나는 지금 어떤지, 또 어떻게 하는 것이 하나님을 기쁘시게 하는 것인지 함께 이야기나눈다.

2 베드로전서 4장 9-11절은 또 무엇을 우리에게 교훈하고 있는지 살펴보라.

1 **9절에서처럼 서로 대접하는 일이나 봉사하면서 마음으로 누군가를 원망해 본 일이 있는가? 그 이유는 무엇 때문이었나?** (참고 / 눅 10:40)

누구든지 남을 대접하다가 쉽게 빠질 수 있는 함정이 있다. 원망이 그것이다. 교회 일을 하면서 한 번씩은 마음 상하는 일들을 겪기 마련이다. 그런 사례와 이유를 허심탄회하게 나누어 본다.

2 **봉사를 잘하려면 성령이 우리 각자에게 주신 은사대로 섬겨야 한다. 은사는 성령께**

서 남을 섬기라고 주신 타고난 성품과 재능뿐 아니라 후천적인 봉사의 능력을 말하는 것이다. 그러므로 은사를 가진 사람은 선한 청지기처럼 봉사할 의무가 있다(10절)**. 나에게는 어떤 은사가 있다고 생각하는가?**

내가 남보다 기쁘게, 보다 쉽게, 또 잘할 수 있는 것들이 모두 은사가 될 수 있다. 어떤 은사를 가지고 있느냐, 다른 사람보다 뛰어난 은사를 가지고 있느냐가 중요한 것이 아니라, 하나님으로부터 받은 은혜에 대한 감격이 반드시 섬김과 봉사로 이어지는 것이 중요하다. 성경에 나오는 은사들의 종류를 간단히 설명해 주는 것도 좋다.

3 **선한 청지기처럼 봉사하는 자세를 위해 가져야 할 2가지 원칙은 무엇인가? 나는 지금 그렇게 봉사하고 있는가?**(11절)

첫째 원칙 : 하나님의 말씀을 하는 것같이 말해야 한다.

둘째 원칙 : 하나님이 공급하시는 힘으로 봉사해야 한다.

청지기다운 봉사의 자세를 가지려면 2가지 원칙을 지켜야 한다. 우선 봉사하는 자는 자기 자랑이나 과시, 공로의식으로 떠들지 말고 하나님의 말씀을 전하는 심부름꾼처럼 해야 한다. 두 번째로 봉사하는 자는 다른 사람의 인정이나 칭찬을 보지 말고 하나님이 주시는 은혜와 능력으로 일해야 한다.

4 **교회에서 봉사를 많이 하고도 덕을 끼치지 못해 하나님의 영광을 가릴 때가 있다. 우리의 봉사는 반드시 하나님께 영광이 되어야 한다. 우리가 청지기처럼 봉사하지 않고 마치 주인인 것처럼 행세하면 하나님께 영광을 돌릴 수 없다. 혹시 나의 자랑과 영광을 위해 봉사하다가 교회에 덕을 끼치지 못한 적은 없는지 이야기해 보자**(11절)**.**

하나님이 성령의 은사들을 주신 이유는 한몸 된 교회를 섬기고 세우기 위함이다. 따라서 아무리 많은 봉사를 한다 해도 그것이 교회에 덕이 되지 않는다면 온전한 봉사일 수 없다. 그런 경험이 없는지 함께 이야기해 본다.

3 요한삼서를 보면 같은 교회에서 장로의 직분을 가지고 봉사했지만, 하나님의 칭찬을 받은 사람과 하나님께 무서운 책망을 받은 두 사람의 이야기가 나온다. 각자에 대한 내용을 적어보고, 자신이 깨달은 점을 정리해 보라.

1 가이오(5-6절)

진리를 위해 함께 수고하는 순회 전도자들을 자기 집에 영접하여 사랑으로 필요한 것들을 공급하였음.

가이오는 소아시아 교회의 장로였다. 그는 교회를 찾아오는 많은 나그네, 특히 무명의 방랑 전도자들을 마음을 다해 극진히 섬겼다. 이것은 한 번 대접을 받고 간 자들이 가는 곳마다 가이오를 칭찬한 것을 통해서도 잘 알 수 있다. 자신이 가난한 교역자나 전도자, 선교사들을 위해 마음을 담아 봉사한 일이 있는지 함께 나누어 보자.

2 디오드레베(9-10절)

으뜸 되기를 좋아하여 사도 요한의 지도나 간섭을 싫어했기 때문에 요한에 의해 파송을 받은 것으로 보이는 순회 말씀 전파자들이 교회를 방문했을 때 영접하지 않았을 뿐 아니라, 영접하려는 자들까지 금하여 내어 쫓았다.

디오드레베도 같은 교회의 장로였다. 디오드레베의 행동에서 발견할 수 있는 3가지 점을 정리하면 다음과 같다. 첫째, 으뜸 되기를 좋아했고, 둘째, 자기가 하지 않은 일은 아무리 좋은 일이라도 남이 하지 못하게 방해하였고, 셋째, 자기 편을 들지 않는 자를 비판할 뿐 아니라 자신의 지위와 권력을 이용해 괴롭게 했다.

3 나의 깨달음

두 사람의 대조되는 교회 지도자를 보면서 깨달은 바를 기록하게 하고, 그것을 어떻게 실천할지 서로 나누는 시간을 가지라.

4 참된 봉사자에게 하나님이 약속하신 축복은 무엇인가?

1 마태복음 23장 12절

하나님께서 인정해 주시고 높여 주신다.

하나님 나라의 섬김에 대한 질서를 정리해 주는 본문이다. 가장 많이 섬기며 낮아진 사람이 하나님 나라에서 가장 높아질 것이다.

2 마태복음 10장 42절

반드시 상급을 주신다.

구원은 예수를 영접하는 자 모두에게 동등하게 주어지지만 장차 받게 될 상급에는 이 세상에서의 삶에 따라 차등이 있을 수 있다는 것이 성경의 증거다. 분명한 것은 주님은 아무리 작은 봉사일지라도 그것을 크게 여기시며 반드시 상 주실 것을 약속하신다.

3 누가복음 6장 38절

아무리 작은 우리의 봉사라도 하나님이 후하게 되돌려 주실 뿐 아니라, 우리가 다른 사람에게 행한 대로 받게 될 것이다.

다른 사람을 향한 우리의 헤아림, 곧 마음 씀씀이대로 하나님이 우리를 헤아리시겠다는 약속은 우리에게 얼마나 큰 위로가 되는가? 동시에 그것은 얼마나 큰 두려움이 되는가?

4 요한계시록 2장 10절

죽도록 충성하는 자에게 생명의 관을 주신다.

충성 봉사하는 일은 때로 죽을 것같이 힘들 수도 있다. 그러나 끝까지 변함없이 충성하는 자들에게는 영광스럽고 영원히 변치 않는 상급이 약속되었다.

5 교회를 섬기는 봉사와 관련하여 자신의 결심을 적어보라.

모든 일에는 마음가짐이 중요하다. 이제부터 어떤 마음가짐으로 교회를 섬기기 원하는지 자신의 결심을 적으라. 봉사에는 희생이 따르기 마련이다. 시간, 생각, 그리고 하나님이 우리에게 주신 자원을 바쳐야 한다. 당신이 주님을 위해 일하고 있는 사역의 질을 한번 점검해 보라. 그리고 '만일 우리가 주님을 좀 더 사랑한다면, 우리는 주님을 좀 더 잘 섬길 것'이라는 사실을 기억하라.

청 소 년
제자훈련2
03

그리스도를 증거하는 생활…

목 적 예수 그리스도의 제자는 반드시 그리스도를 증거하는 삶을 사는 자임을 깨닫고 실천하도록 한다.

우리의 신앙이 건강하다는 것은 무엇을 보고 알 수 있는가?

학생들과 도입 부분의 카툰을 보며 함께 이야기를 나눈다. 예배 참석과 기도, 성경공부 외에도 우리의 신앙의 상태를 알아볼 수 있는 지표가 무엇인지 이야기하도록 한다. 흔히 전도는 소수의 열심 있는 사람들만 하는 것이라고 생각하기 쉬운데, 그렇지 않다는 것에 동의하는지 학생들이 서로의 의견을 말해보도록 한다.

도입질문

1) 카툰에 나오는 주인공의 신앙이 병들었다고 하는데, 이유가 무엇인가?
2) 예배 참석, 기도, 성경공부 이외에도 우리의 신앙 상태를 알아볼 수 있는 지표가 있다면 무엇인가?
3) 꼭 전도를 해야 건강한 신앙을 가진 것인가? 특별한 사명을 받은 열심 있는 소수만 해야 하는 건 아닌가?

1 고린도후서 5장 18-19절에는 하나님이 우리에게 주신 직분이 무엇인지 나타나 있다. 하나님은 우리에게 어떤 직분을 주셨는가?

화목하게 하는 직분.

화목은 적의를 제거하여 선하고 올바른 관계가 회복됨으로써 불화가 종식되는 것을 의미한다.

2 이 직분은 누가 먼저 가지고 계셨던 것이며, 누구와 누구를 화목하게 하셨는가?

그리스도, 하나님과 우리를 화목하게 하심.

화목하게 하는 직분은 그리스도께서 먼저 본을 보이신 직분이다. 예수 그리스도는 스스로 화목제물이 되셔서(롬 3:25) 하나님과 우리를 화목하게 만드셨다.

3 화목하게 하는 직분은 전도의 직분을 뜻한다. 전도가 화목하게 하는 직분이라는 것과 자신에게 이런 직분이 주어져 있음을 깨닫고 있었는가? 화목의 직분이 주는 느낌은 어떠한가?

화목하게 하는 직분은 구약 시대에는 제사장의 일이었다. 제사장은 하나님과 사람 사이를 화목하게 해주는 사역을 했는데, 전도는 불신자와 하나님 사이를 화목하게 해주는 사역이다. 우리는 종종 전도하면서 원수 된 두 사이를 풀어주는 보람된 일을 하고 있다는 사실을 잊을 때가 많다. 단순히 잃은 양을 찾는다든지 교회로 인도한다는 생각으로만 전도를 한다. 하지만 전도가 이처럼 하나님과 사람 사이를 화목하게 하는 직분이라면 전도를 더 기쁜 마음으로 할 수 있지 않을까 하는 것을 학생들과 함께 이야기 나눈다.

4 화목하게 하는 직분과 함께 또한 우리에게 무엇을 부탁하셨는가? 복음이 무엇인지 정확하게 정의내려 보자.

화목하게 하는 말씀=복음

전도를 하기 위해서는 화목하게 하는 말씀, 즉 복음에 대한 정확한 이해와 표현이 필요하다. 학생들이 복음을 정확하게 이해하고 있는지 점검해 보고, 간단하게 복음의 내용(예수 그리스도의 십자가와 부활)을 정의내려 보도록 한다.

5 복음의 말씀은 함께 나누어 먹어야 할 생명의 떡이다. 이 떡을 나누지 않고 혼자 움켜쥐고 있지는 않았는지 돌아보자.

내 손에는 떡이 쥐어져 있는데 눈앞에서 떡이 없어 죽어가는 사람이 있다면 어떻게 해야 할까? 복음의 말씀을 맡은 자로서 우리 주변에 생명의 떡을 나누어야 할 사람이 없는지 이야기해 본다.

6 마태복음 9장 36-38절에서 예수님은 무리를 보고 어떻게 여기셨으며, 그렇게 생각하신 이유는 무엇인가?

불쌍히 여기심, 목자 없는 양과 같이 고생하며 기진하였기 때문이다.

목자 없는 양의 모습을 상상하여 학생들과 함께 이야기해 본다. 먹을 것도 없고, 쉴 곳도 없이 방황하는 양의 모습을 나누며 예수님이 왜 무리를 목자 없는 양으로 비유하셨는지 생각해 본다. 이것은 영적인 고통과 방황을 나타내는 비유다.

7 우리가 어떤 사람들을 볼 때 불쌍히 여기는 마음이 생기는가? 우리가 사람들을 바라보는 눈과 예수님이 사람들을 바라보는 눈은 어떻게 다른가?

우리들이 흔히 불쌍히 여기는 기준과 예수님이 불쌍히 여기는 기준이 다름을 학생들과 함께 이야기해 본다. 예수님이 불쌍히 여기는 사람들을 우리는 도리어 부러워하고 있지는 않은지, 특별히 재산의 많고 적음과 관련하여 이야기해 본다. 예수님의 기준과 학생들의 기준이 다른 이유에 대해서도 말해 보고, 무엇보다 중요한 것이 영적인 생명, 구원임을 다시 한 번 강조한다.

8 로마서 9장 1-3절에 나타난 바울의 근심과 고통은 누구 때문인가?

바울의 형제 곧 골육의 친척 – 이스라엘 백성

전도는 가까운 데서부터 시작하는 것이 성경적이다. 가장 가까운 데 있는 사랑하는 자를 구원할 마음이 없는 자가 먼 데 있는 사람에게 관심을 갖는다면 모순이 아닐 수 없다. 바울은 이방인에게만 생명을 걸고 전도한 것이 아니라 자기 동족에 대해서도 안타까워하는 마음을 가지고 있었다.

9 바울의 근심과 고통은 어느 정도였는가?

큰 근심과 마음에 그치지 않는 고통이었다.

10 바울은 자기 동족을 구하는 일이면 어느 정도로 희생할 각오를 가지고 있었는가?

자신이 저주를 받아 그리스도에게서 끊어질지라도 원한다고 할 정도였다.

바울은 자신의 말이 진실임을 강조하기 위해서 "그리스도 안에서", "내 양심이", "성령 안에서"라는 표현을 쓰고 있다. 절대 끊을 수 없는 관계를 끊어서라도 할 수 있는 일이라면 해보겠다는 피맺힌 바울의 소원이 잘 나타나 있다.

11 혹시 주변에 불신 가족이나 친구가 있는가? 그렇다면 그들을 바라보는 자신의 마음과 동족을 바라보는 바울의 심정을 비교해 보라. 불신 가족의 구원을 위해 지금까지 희생한 것이 있다면 함께 이야기해 보라.

학생들에게 불신 가족이나 친구 때문에 어느 정도로 마음이 괴롭고 근심스러운가를 물어본다. 불신 가족의 구원을 위해 희생한 경험이 있다면 칭찬해 주고, 바울과 같은 마음으로 불신 가족과 친구의 구원을 위해 노력해야 함을 격려하도록 한다.

12 전도는 말로만 하는 것이 아니다. 아래의 성경말씀에서는 말 외에 또한 무엇이 더 필요하다고 하는지 찾아 적어 보라.

1 마태복음 5장 16절 – 착한 행실

2 베드로전서 3장 14-16절 – 의를 위한 고난, 거룩, 온유, 두려움, 선한 양심, 선행

3 요한복음 13장 34-35절 – 서로 사랑

우리가 전하는 복음이 제대로 전해지려면 그에 모순되지 않는 행위와 생

활이 필수적이다. 우리의 착한 행실로 인해 사람들은 하나님께 영광을 돌릴 것이다. 그리스도인이라는 이유만으로 때로 부당한 대우를 받을 때조차 거룩하고 선한 모습을 보여 준다면 그들은 우리에게 우리 속에 있는 소망의 이유에 대해 묻게 될 것이다. 또한 복음 전도의 가장 기본적인 자세는 사랑이다. 그리스도인끼리의 사랑뿐만 아니라 세상을 사랑하신 하나님의 사랑을 우리가 세상에 보여 줄 수 있다면, 매우 효과적으로 복음을 증거할 수 있을 것이다. 그러나 이 모든 삶의 모습이 있다 하더라도 전도의 말이 빠지면 안 된다. 전도에 있어서 말의 복음을 몸이라 한다면, 행위의 복음은 몸에 걸치는 옷에 해당한다고 볼 수 있기 때문이다.

13 혹시 자신이 전도를 해서 지금도 신앙생활 잘하고 있는 사람들이 있다면 서로 나누어 보라.

좋은 예가 있으면 칭찬함으로써 서로를 격려한다.

14 주변에 우리의 전도가 필요한 사람이 있는지 돌아보고, 그들을 전도하기 위해서 어떤 노력을 해야 할지 함께 이야기해 보라.

가족이나 친구들 중에 불신자가 없다면 가까운 생활 반경 내에서 전도 대상자를 찾아보고, 그 대상자 각각의 대상에 맞는 전도를 위해 어떤 노력을 해야 할지 생각해 보게 한다.

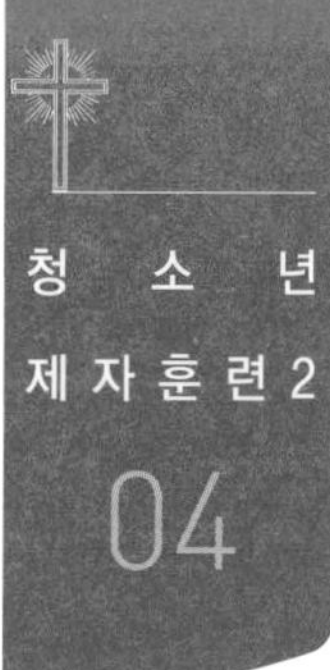

청 소 년
제자훈련2
04

영적 성장과 성숙...

목 적 영적인 성장과 성숙이 필요하다는 것을 깨닫고
전인적인 성장과 성숙을 위해 노력하도록 한다.

십자가 군병이 가지고 있어야 할 특징들은 무엇인가?

학생들과 함께 도입 부분의 카툰을 보며 이야기를 나눈다.
성경에서는 그리스도인을 십자가 군병이라고 표현하는데,
십자가 군병이 가지고 있어야 할 특징들은 무엇인지 이야기하도록 한다.
학생들 스스로 자신이 십자가 군병에 더 가까운 모습이라고 생각하는지
아니면 어린아이에 더 가까운 모습이라고 생각하는지,
또 그 이유는 무엇인지 서로의 의견을 말해 보도록 한다.

도입질문

1) 성경에서는 그리스도인이 십자가 군병이어야 한다고 말한다.
십자가 군병이 가지고 있어야 할 특징들은 무엇인가?
2) 자신은 십자가 군병에 더 가까운 모습인가,
아니면 어린아이에 더 가까운 모습인가?
3) 자신의 모습이 십자가 군병, 혹은 어린아이와
더 비슷하다고 생각하는 이유는 무엇인가?

1 고린도전서 3장 1-4절에는 2가지 영적 수준의 사람의 모습이 나온다. 어떻게 다른 모습인지 빈칸을 채워보자.

	신령한 자	육신에 속한 자
1절		그리스도 안에서 어린아이
2절	밥 먹음	젖 먹음, 밥을 감당치 못함
3절		시기와 분쟁
4절		사람을 따라 행함
		당파 가르기

'육신에 속한 자'는 육신적인, 혹은 세속적인 신자를 의미한다. 이들은 신령해지려고 하기보다 세속적으로 살고 싶어 하는 성향이 아직도 많이 남아 있는 영적인 어린아이들이라고 할 수 있다. 이런 면에서 불신자를 의미하는 '육신을 좇는 자'와는 분명 다르다(롬 8:5).
본문에서는 주로 육신에 속한 자에 대한 설명이 많이 나와 있다. 굳이 빈칸을 채우려 한다면 신령한 자 쪽의 빈칸에는 육신에 속한 자의 특성의 반대의 내용을 적으면 될 것이다.

2 젖을 먹는 사람들과 밥을 먹는 사람들이 무엇을 의미하는지 히브리서 5장 12-14절에서 찾아보라.

젖을 먹는 사람들 – 말씀의 초보에 대하여 가르침을 받아야 할 처지, 단단한 음식은 못 먹음, 어린아이, 의의 말씀을 경험하지 못한 자.

밥을 먹는 사람들 – 장성한 자, 지각 사용, 연단을 받아 선악을 분별함.

젖과 밥은 모두 하나님의 말씀을 의미한다. 젖은 초보적인 진리를, 밥은 의의 말씀, 즉 성경의 모든 진리를 의미한다. 학생들에게 본인들은 젖과 밥 중에서 어느 것을 좋아하고 있는지 돌아볼 수 있는 질문을 하여 스스로를 점검해 볼 수 있도록 돕는다.

3 고린도 교인들이 육신에 속한 자로서 어떤 영적 어린아이의 모습을 보였는가?(3-4절)

시기와 분쟁, 특히 바울 파, 아볼로 파 등으로 파를 나누었다.

어린아이는 음식과 행동에 있어 어른과 차이가 난다. 고린도 교회는 바울 파, 아볼로 파 등으로 파벌이 조성되어 시기와 분쟁의 모습을 보였다. 오늘날도 마찬가지다. 영적 어린아이의 모습은 시기와 분쟁으로 나타난다.

4 혹시 우리 교회, 우리 부서에서는 서로 시기하고 편을 가르고 싸우는 모습이 없는가? 자신이 그런 자리에 있지는 않은지 돌아보고 서로 이야기 나누어 보라.

우리 중에 영적인 성숙에는 별 관심이 없고, 서로 시기하고 편을 가르고 싸우는 모습은 없는지 돌아본다. 고린도 교회가 시기와 분쟁 때문에 영적 어린아이로 취급받았던 것을 기억하며 우리 안에 그런 영적 어린아이의 모습은 없는지 학생들과 함께 이야기해 보도록 한다.

5 고린도 교회는 성령의 은사에 부족함이 없는 교회였지만(1:7), 영적인 어린아이들이 많았다. 성령의 은사나 체험과 영적인 성숙은 어떤 관련성이 있는지 생각해 보고 함께 나누어 보라.

고린도교회는 성령의 은사를 유별나게 많이 받은 교회였다. 그러나 성령의 체험이나 은사가 곧 신앙 인격과 삶을 대변하는 것은 아니다. 은사와 영적 성숙을 잘 갖춘 훌륭한 신앙인이 있는 반면, 뛰어난 은사 체험을 했지만 영적으로는 어린 사람들도 있다. 은사는 성령이 자기 뜻대로 주시는 것이므로 접어두고라도, 영적인 성숙은 우리 모두가 빠짐없이 갖추어야 한다.

6 에베소서 4장 13-16절은 영적인 성숙에 대해 잘 말해 주고 있다. 13절에 나타난 영적 성숙의 목표치는 무엇인가?

하나님의 아들을 믿는 것과 아는 일에 하나가 되어 온전한 사람을 이루어 그리스도의 장성한 분량이 충만한 데까지.

'온전한 사람을 이룬다' 는 말은 '영적으로 성숙한 사람이 된다' 는 뜻이다. '그리스도의 장성한 분량이 충만한 데까지 이른다' 는 말은 '그리스도로 온통 충만하게 되는 수준까지 이른다' 는 것으로 이해하면 된다. 결국 영적인 성숙은 그리스도의 인격과 삶을 최대한 닮는 것을 말한다. 이런 의미에서 성숙의 표준은 그리스도뿐이다.

7 14절에 나타나 있는 영적 어린아이의 행동은 무엇인가?

사람의 속임수와 간사한 유혹에 빠져 온갖 교훈의 풍조에 밀려 요동함.

영적인 어린아이는 의의 말씀인 밥을 다 감당하지 못하는 자다. 그렇기 때문에 진리와 비진리를 분별하지 못하여 쉽게 흔들리는 것이다.

8 영적으로 성숙해진다는 것은 결국 우리가 '작은 예수가 되는 것'을 의미한다. 왜 그런가?(13, 15절)

우리의 영적 성숙의 목표가 그리스도의 장성한 분량이 충만한 데까지 이르는 것이며, 범사에 그에게까지 자라는 것이기 때문이다.

영적인 성숙의 표준은 그리스도뿐이다. '예수 닮는 자', 즉 '작은 예수'가 되는 것이 곧 영적 성숙의 의미인 것이다.

9 우리의 생각과 행동, 인생의 목표가 '작은 예수' 다운 모습인지 돌아보자. 예수님과 우리를 비교해 보면서 점검해 보고 함께 나누어 보라.

예수님의 생각	나의 생활
예수님의 생활	나의 생각
예수님의 인생 비전	나의 인생 비전

10 영적인 성숙은 전인적인 성숙이어야 한다. 그래서 15절에서는 "범사에 그에게까지 자랄지라"고 말한다. 우리의 전인적인 모습을 되돌아보고 어떤 부분에서 더욱 많이 자라도록 노력해야 할지 생각해 보자.

지적인 부분 –

감성적인 부분 –

신체적인 부분 –

의지적인 부분 –

인간관계 부분 –

영적인 부분 –

성격적인 부분 –

기타 –

학생들이 자신의 전반적인 삶을 돌아보고 어느 면에서 아직 그리스도를 닮지 못하고 있는지 각각 분석하도록 한다. 뿐만 아니라 이 모든 부분은 학생들의 모든 생활 영역, 즉 가정, 교회, 학교생활 등을 모두 포함한 것이어야 한다.

11 영적인 성장과 성숙을 위해서는 다음 몇 가지의 요건들이 필요하다. 어떤 요건인지 살펴보고, 우리에게 그러한 요건들이 갖추어져 있는지 돌아보자. 만약 부족한 점이 있다면 무엇을 더 노력해야 할지 함께 이야기해 보라.

데살로니가전서 2장 7절

자기 자녀를 기르는 것같이 유순하게 키워주는 유모 : 좋은 교사, 교역자, 리더

학생들은 자신의 신앙이 마치 교역자나 교사의 도움 없이도 자란다고 생각하기 쉽다. 그러나 교역자, 교사의 손을 통하지 않고서는 영적인 성숙이 있을 수 없다.

베드로후서 3장 18절

예수 그리스도의 은혜와 그를 아는 지식.

여기서의 은혜는 포괄적인 의미다. 말씀과 기도, 예배, 성도의 교제를 통해 은혜가 임한다. 그 은혜 가운데 예수 그리스도를 아는 지식을 특별히 언급하는 것은 매우 의미 있다. 영적으로 성숙하는 데는 말씀이 절대적인 조건이기 때문이다. 학생들이 예수 그리스도를 아는 지식을 위해 얼마나 노력하고 있는지, 얼마나 말씀과 가까이 있는지 스스로 점검하게 한다.

에베소서 4장 16절

서로 연결되고 결합되어 도움을 받을 수 있는 교회 내 지체.

영적인 성숙과 성장이 제대로 되려면 지체가 함께 있는 교회 안에 있어야 한다. 다른 지체의 도움 없이는 영적으로 자랄 수 없음을 기억해야 한다. 학생들이 영적인 성장을 위해 다른 지체의 도움을 어떻게 받고 있는지, 또 다른 형제를 위해 어떤 도움을 주고 있는지를 함께 이야기한다.

빌립보서 3장 12절

달려가는 자세.

앞을 향해 계속해서 달려가는 자세는 영적 성장에 필수적이다. 신앙생활 역시 노력과 열심, 인내가 필요하다. 학생들이 자신의 영적 성장을 위해 어떤 노력을 하고 있는지, 또 그 노력이 부족했다면 어떤 노력을 해야 하는지 함께 이야기하도록 한다.

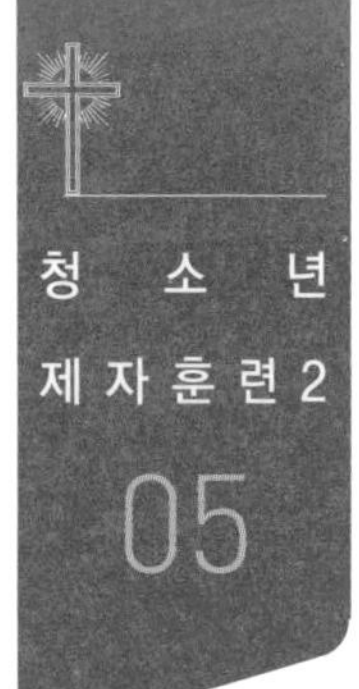

신앙 인격의 연단…

목 적 예수님의 제자는 고난과 고통이라는 하나님의 틀을 통해 신앙 인격이 다듬어진 후에야 비로소 크게 쓰임 받을 수 있음을 안다.

자신의 신앙생활 가운데 경험해 본 고통이나 고난은 무엇인가? 고난당할 때 하나님께 어떤 반응을 보였는가?

학생들과 함께 도입 부분의 카툰을 보며 이야기를 나눈다.
신앙생활 중에 고난당해 본 경험이 있는지 물어보고,
그 내용을 함께 이야기해 본다. 고난당할 때 어떤 반응을 보였는지
서로 이야기하고 왜 고난이 필요한지 의견을 나눈다.

도입질문

1) 신앙생활 중에 고난당해 본 경험이 있다면 함께 이야기해 보자.
2) 고난당할 때 하나님께 어떤 반응을 보였는가?
3) 신앙생활에서 왜 고난이 필요한가?

누구나 인생 가운데 크고 작은 고통들을 겪는다.
예수님 안에 있는 성도들도 때로 뜻하지 않은 고난을 당한다.
왜 하나님은 우리 삶 가운데 있는 수많은 고통을
제거해 주시지 않으실까? 도와달라는 우리의 절규어린
기도에 왜 가끔씩 침묵하고 계신 것처럼 느껴질까?
때로 하나님의 뜻을 정확히 알 수 없음으로 인해
생기는 답답함은 너무 힘에 겹다.
그러나 고난에는 반드시 뜻이 있다.
하나님은 하나님의 백성들을 고난으로
연단하시고 준비시키신다. 성도에게 주시는
연단의 목적과 방법, 그 유익을 배우는 것이
이 과의 목적이다.

1 하나님이 왜 출애굽한 이스라엘 백성을 광야에서 푹신한 침대에 눕혀 인도하지 않으셨는지 그 이유를 신명기 8장을 통해 살펴보자.

1 광야에서 연단하신 첫 번째 목적은 무엇인가?(2절)

이스라엘 백성을 낮추시고, 하나님의 명령을 잘 지키는지 안 지키는지 그 마음을 아시기 위함.

이스라엘 백성을 겸손하게 만드시고 순종하게 하는 데 첫 번째 목적이 있었다. 겸손과 순종은 쌍둥이와 다름이 없다. 교만과 불순종도 마찬가지다. 겸손은 마음의 자세요, 순종은 그 자세의 열매다. 또한 극한 상황은 하나님을 향한 우리의 믿음이 진짜인지 가짜인지 구분해 준다.

2 왜 사람은 고난을 통해 연단받지 않으면 겸손해지지 못할까? 그 이유를 말해 보라.

고난을 통해서 하나님 앞에 겸손하게 된 체험을 가진 사람이 있으면 간증할 시간을 잠깐 준다.
스스로 높아지려는 마음을 본성으로 가진 것이 인간이다. 아담과 하와의 타락도 하나님과 같아지려는 욕심에서 시작되었으며, 인간이 하나님을 찾고 의지하는 때는 그 자신의 유한함을 발견했을 때다.

3 연단의 두 번째 목적은 무엇인가?(3절)

사람의 생명이 떡에 달려 있지 않고 하나님의 말씀을 믿고 순종하는가, 하지 않는가에 달려 있음을 깨닫게 하는 것.

이 진리를 배우기 위해 이스라엘은 굶주리고 목마른 최악의 시련을 감수하지 않으면 안 되었다. 그러나 사람이 떡으로만 사는 것이 아니라고 해서 성경이 재물의 가치를 전적으로 부정하는 것은 아니다. '~만(alone)'이라는 단어 속에 이 진리가 담겨 있다. 인간은 돈만 가지고는 살 수 없는 독특한 존재란 것이다. 신명기 28장은 하나님의 말씀이 없으면 살아 남을 수 없다는 구체적인 예로 적당하다. 1절은 하나님의 말씀이 생명의 절대 조건임을 천명하고 있다. 그러나 그 말씀을 배척하면 1-14절의 엄청난 경제적 부가 아무 소용 없어지고 만다는 것을 발견할 수 있다. 왜냐하면 15절 이하의 재앙 앞에 견딜 자가 아무도 없기 때문이다.

4 사람이 떡으로만 살지 못하며 하나님의 말씀이 있어야 한다는 귀중한 진리를 여러분은 언제, 어떻게 깨닫게 되었는가?

우리 주위에 돈으로 얻을 수 없는 것들이 너무 많다. 사랑, 건강, 행복, 숙면 등 인간은 위기 상황에 처하고 나서야 이 진리를 깨닫게 된다.

5 연단의 세 번째 목적은 무엇인가?(16절)

참된 축복을 받을 수 있도록 준비시키기 위함.

재산을 관리할 수 있는 능력을 갖추기 전에 회사를 아들에게 맡기는 부모는 없다.

6 고통을 통한 연단이 자신을 하나님의 축복을 받을 수 있는 자격자로 준비시키는 수단이라는 사실에 대해 어떻게 생각하는가?

아브라함, 야곱, 요셉, 다윗 등 성경에 나오는 수많은 신앙 위인들치고 연단 없이 축복받은 사람은 없다.

7 연단이 없으면 어떤 위험이 따르기 쉬운가? 또 자신이 이런 위험에 빠졌거나 비슷한 위기를 경험한 일이 있으면 이야기해 보라(12-14절).

풍족하고 평탄함으로 인해 하나님의 은혜를 쉬 잊고 나태와 방종 속에 빠지게 된다.

8 자신의 신앙 인격이 고난을 통해 성숙해진 부분이 있다면 말해 보라. 또한 그 고난을 오히려 감사의 조건으로 생각한 경험이 있다면 함께 이야기해 보자.

그동안 오래도록 고통의 세월을 살아온 사람이 있는지 알아 보라. 그리고 그 고통을 오히려 감사의 조건으로 삼을 수 있는지, 그 고통을 통해 얻은 축복이 무엇인지 물어 보라.

2 고난 속에서 우리가 취해야 할 태도가 무엇인지 욥기 1장을 통해 살펴보라.

1 욥이 어떤 사람인지 간단한 프로필을 말해 보라(1-5절).

우스 땅에 살았으며, 도덕적으로 온전하고 정직하였을 뿐 아니라, 하나님을 경외하여 악에서 떠난 자였으므로 하나님께서 의인으로 인정하신 사람이었다. 7남 3녀를 두었으며, 수많은 양과 낙타, 소, 암나귀, 종들을 거느린 동방에서 가장 재력 있는 사람이었다.

욥의 이야기를 우화라고 생각하는 사람이 없도록 해야 할 것이다.

2 욥이 고난당하기 전 그에게서 특별히 돋보이는 점은 무엇인가?(1-5절)

그는 명성과 재력, 권력을 다 가지고 있었음에도 불구하고 자녀들의 잔치 후에 그들의 명수대로 하나님께 번제를 드릴 만큼 하나님을 두려워하였고, 겸손히 행하였다.

3 욥이 당한 고난을 간단히 요약해 보라(13-20절).

재산	가정	건강	기타
1. 소, 나귀를 스바 사람에게 모두 빼앗기고 종들도 잃음. 2. 하늘에서 불이 떨어져 양과 그것을 치던 종들을 살라 죽임. 3. 낙타를 갈대아 사람에게 모두 빼앗기고 종들도 잃음.	1. 자녀들이 모두가 큰 바람을 맞아 한자리에서 죽음. 2. 아내로부터 모진 말을 듣고 버림받음.	1. 발바닥에서 머리 끝까지 심한 피부병이 생겨 고통을 당함. 2. 한꺼번에 닥친 환난으로 인해 극도의 슬픔과 스트레스를 받음.	가장 가까운 친구들로부터 아픈 말을 들어야 했음.

욥처럼 의로운 사람에게 어떻게 이런 끔찍한 일이 일어날 수 있는지 각자의 생각을 말해 보도록 하자. 욥의 친구들은 하나같이 욥이 범죄하여 징계를 받는 것이라고 단정하였다(욥 4:7, 8:4). 혹 우리도 이와 같은 생각을 가지고 있는가?

4 고난을 당하자 욥은 어떻게 처신하였나?(20-22절)

모든 일에 하나님을 향하여 어리석게 원망하거나 범죄하지 않고, 오히려 하나님께 경배와 찬송을 돌림.

욥의 신앙고백과 예배의 태도를 중심으로 검토해야 한다. 욥에게서 가장 위대하게 보이는 것이 무엇인지 한 사람씩 말하게 하라.

5 욥이 극심한 고난을 당했을 때 범죄하지 않고 하나님을 경배할 수 있었던 근본 원인은 무엇인가?(21절)

"주신 이도 여호와시요 거두신 이도 여호와시오니"라는 표현을 볼 때, 욥은 하나님의 주권에 대한 확신이 있었다.

6 욥처럼 고난 속에서도 죄를 짓지 않으려면 평소에 하나님에 대한 어떤 지식과 신앙을 가져야 하는가?

하나님과 그분의 주권에 관한 지식과 신앙.

나 같으면 욥과 같은 일들을 겪을 때 가장 먼저 어떤 반응을 보일 것인지 생각해 보게 한다. 욥의 막대한 재산은 그의 신앙 인격과 생활을 조금도 오염시키지 못하였다. 욥은 고난을 통해서 연단된 사람이라기보다 고난 전에 이미 연단되어 있었던 사람이었다.

7 자신이 당한 일을 받아들일 수 없어 하나님께 원망하며 갈등을 겪었던 일이 있으면 이야기해 보라.

3 예레미야는 고난 가운데 빠져 있을 때 어떻게 하였는지 예레미야애가 3장 19-23절을 통해 배워보자.

본문은 유다의 수도 예루살렘이 바벨론에게 함락되어 예루살렘 거민들이 살해되고 짓밟히고 생포당했던 역사적 사건을 배경으로 한다. 과거의 죄악에 대한 이스라엘 민족의 회개를 유도하고 소망의 메시지를 전달하기 위해 기록되었다.

1 예레미야는 낙심되는 순간에 무엇을 기억하였는가?(21-22절)

자비와 긍휼이 무궁하셔서 하나님의 백성을 진멸하지 않으시는 소망의 하나님을 기억함.

예레미야가 가진 소망의 근거는 신실하신 하나님께 있었다.

2 절망에 빠진 예레미야를 하나님이 특별히 생각하시고 어떤 은혜를 주셨는가?(23절)

아침마다 하나님의 자비와 긍휼이 무궁하심을 새롭게 발견하게 되었다. 즉 그는 절망 가운데서도 하나님으로 인해 감사와 찬송을 드릴 수 있었다.

이처럼 고난을 이길 힘은 기도할 때 하나님으로부터 온다. 하나님은 고난 속에서 하나님의 얼굴을 구하는 자들에게 은혜 주시기 위해 비상 조처를 취하신다(빌 4:3).

3 평소에 하나님이 어떤 분이신지를 잘 알아두는 것이 절망 중에 소망을 잃지 않는 비결이다. 그런 경험이 있다면 이야기해 보라.

하나님을 잘 알기 위해서는 늘 찾는 곳이 있어야 한다. 우리는 계시의 말씀 앞에서 하나님을 발견하는가?

4 자신이 고난 중에도 하나님의 인자하심과 성실하심을 매일 회상함으로써 소망을 되찾게 된 경험이 있는가?

4 고난을 통해 얻을 수 있는 유익은 무엇인가?

시편 119편 67, 71절

고난을 통해서 비로소 하나님의 말씀을 귀하게 여기며 순종하게 된다.

그러한 경험들이 있는지 함께 이야기한다.

로마서 8장 28절

궁극적으로는 하나님은 성도의 삶을 선하게 인도하신다는 사실을 깨닫게 된다.

하나님은 우리의 모든 실수와 범죄와 수치와 아픔들을 능히 축복과 승리로 바꾸어주시는 분이시다.

고린도후서 1장 3-4절

다른 사람의 고난을 이해할 수 있을 뿐 아니라, 그들을 위로하며 도와줄 수 있는 지혜와 힘을 얻게 된다.

욥기 42장 5절

하나님을 보다 정확하고 깊이 '알게' 된다.

욥기 42장 12-17절

하나님의 회복을 체험하게 된다.

고난을 통해서 연단을 받고 고난 속에서 욥처럼 신앙의 승리를 한 사람들은 비단 영적인 축복뿐 아니라 세상적인 축복도 함께 받는 예가 없지 않다. 이것을 믿는가? 우리는 "네 믿음대로 되리라"고 하신 약속을 잊지 말아야 한다. 좋은 간증이나 예가 있으면 함께 나누어 보자.

5 지금까지 자신이 인생을 살아오면서 겪었던 고난들을 돌이켜볼 때 그 고난들로 인해 얻을 수 있었던 영적인 유익들로는 어떤 것들이 있었는지 함께 이야기해 보자.

고난은 문제가 아니라 훈련이다. 자신에게 닥쳐오는 고난을 겁내지 말라. 불안하게 생각하지 말라. 고난을 자기 팔자소관이라고 생각하는 것은 불신앙이다. 설혹 실수하여 범죄한 결과로 고통이 왔다고 할지라도 하나님은 그것을 통하여 큰 유익을 주시려는 계획을 가지고 계신다. 그러므로 고난은 문제가 아니라 기회이며, 훈련과 축복이다.
용기를 가지고 하나님을 우러러 말하라. "이제부터 나를 당신의 뜻대로 하소서. 나는 당신에게 속했사오니 당신의 것입니다. 당신이 좋다고 생각하시면 어디라도 가겠습니다. 당신의 뜻대로 나를 인도하소서. 당신의 뜻대로 입혀 주시고, 인도해 주시옵소서. 머물게 하시겠습니까? 도망가게 하시겠습니까? 부자가 되게 하시겠습니까? 가난하게 하시겠습니까? 이 모든 것에 대해서 나는 만인 앞에서 당신을 변호할 것입니다." – 에픽테투스

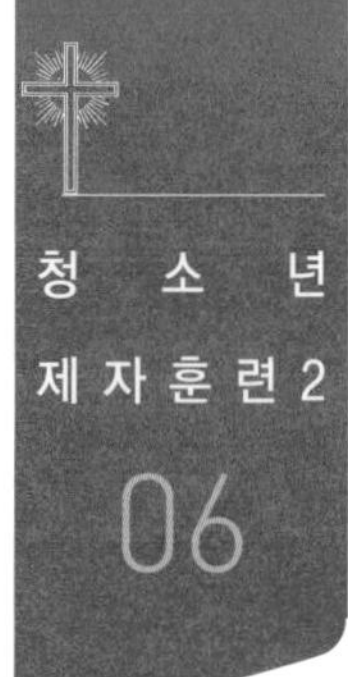

청 소 년
제자훈련 2
06

그리스도의 주재권 . . .

목 적 예수 그리스도가 우리의 주인이심을 깨닫고 내 모든 삶의 영역에서 주 되심을 인정하며 살도록 한다.

예수님을 주님이라고 부르는 것은 무슨 뜻인가?

학생들과 함께 도입 부분의 카툰을 보며 이야기 나눈다. 우리가 예수님을 주님이라고 부르는데 그것이 무슨 뜻인지 학생들에게 물어본다. 주님이라는 것은 주인이라는 뜻임을 상기시키면서 예수님이 우리 삶의 주인이심을 알고 있었는지, 그리고 예수님이 주인 되시는 삶을 살고 있는지 서로의 의견을 말하게 한다.

도입질문

1) 우리는 예수님을 주님이라고 부른다. 그것은 무슨 뜻인가?
2) 예수님이 우리의 삶의 주인이심을 알고 있었는가?
3) 우리의 삶은 예수님을 주인으로 모신 삶의 모습인가?

1 예수 그리스도가 우리의 유일한 주인(주님) 되시는 이유는 무엇인가? 다음의 성경구절들을 찾아보라.

이사야 43장 7절

하나님이 우리를 창조하심.

하나님은 우리의 창조주이시기에 우리의 주인이시다. 우리가 만든 것이 우리의 것이 되는 실례를 학생들과 함께 이야기해 보면서 우리를 창조하신 하나님이 우리의 주인 되심을 다시 한 번 강조한다.

빌립보서 2장 9-11절

하나님이 예수 그리스도를 하늘과 땅, 땅 아래 있는 모든 자들의 주로 시인하게 하심.

예수 그리스도께서 하늘과 땅의 권세를 위임받으셨다.

로마서 11장 36절

만물이 주에게서 나왔으며 주로 말미암고 주에게로 돌아감, 모든 것이 주에게서 시작되고 끝이 남.

우주 만물의 시작과 끝은 모두 주님의 손에 달려 있다. 역사의 알파와 오메가가 되시는 주님께 우리가 드려야 할 것은 영광이다. 세세에 영광을 드려야 하는 것이다.

2 로마서 14장 7-8절에는 반복되는 단어 2개가 나온다. 무엇인지 찾아보라.

산다와 죽는다.

3 로마서 14장 7-8절에서 사도 바울은 삶과 죽음에 대해서 무엇을 말하고 싶었던 것일까?

사나 죽으나 주를 위해 우리는 주의 것.

기도하는 마음을 가지고 외울 수 있도록 학생들을 독려한다. 예수 그리스도를 주님으로 모시는 것은 사는 것도, 죽는 것도 주를 위한 것임을 다시 한 번 강조 한다.

4 7절에서 바울은 자기 마음대로 살고 죽을 수 있는 사람이 우리 중에는 한 사람도 없다고 장담하고 있다. 우리도 바울처럼 그렇게 자신 있게 말할 수 있는가?

우리 모두 예수 그리스도의 은혜로 구원받은 사람이기에 그러하다.

5 어떻게 사는 것이 주를 위하여 사는 것이고, 어떻게 죽는 것이 주를 위해 죽는 것이라고 생각하는지 서로 이야기 나누어 보라.

예수 그리스도를 주님으로 모시는 삶은 삶의 어느 한 부분만 주인 되심을 인정하는 것이 아니라, 삶의 전 영역에서 예수 그리스도를 주님으로 모시는 것이다. 학업, 가정생활, 이성교제 등 삶의 모든 부분을 돌아보며 이야기할 수 있도록 한다.

6 자신의 삶의 모습에서 주님이 마음대로 다스리고 계시는 영역과 그렇지 않은 영역이 무엇인지 구체적인 예를 들어 말해 보라.

예수 그리스도의 은혜로 구원을 받은 사람은 모두 예수 그리스도를 주로 모신 것이고, 그렇기에 누구도 자기 마음대로 살거나 죽을 수 없다. 학생들이 자신의 생명과 삶을 자신의 것으로 생각하고 있지는 않았는지 돌아보고 함께 이야기 나눈다.

7 요한계시록 3장 14-20절에는 라오디게아 교회의 2가지 문제가 나타나고 있다. 그 문제가 무엇인지 찾아보라.

16절 – 미지근하여 뜨겁지도 않고 차지도 않음.

17절 – 실제로는 곤고하고 가련하고 가난하고 눈멀고 벌거벗었으나 그것을 알지 못하고 단지 부자라서 부요하고 부족한 것이 없다고 말함.

8 미지근하다는 것은 적극성이 없는 신앙생활을 말한다. 구체적으로 어떤 모습을 말하는지 함께 이야기해 보라.

라오디게아 부근에는 온천이 있었다. 따라서 미지근하다는 표현은 나태하고 무기력한 신앙 상태를 라오디게아 교인들에게 가장 효과적으로 전달할 수 있는 표현이었다. 이 미지근한 상태는 부패하기 쉬운 상태로 결단성과 지속성이 없는 태도라고 할 수 있다.

9 또한 라오디게아 교회는 영적인 자만에 빠져 있었다. 자만과 적극성이 없는 신앙생활은 어떤 관계가 있는가?

영적으로 자만하게 되면 간절한 마음으로 사모하지 않게 되어 결국 적극성이 없는 신앙생활을 하게 된다. 즉 원인, 결과의 관계가 있다.

영적인 자만과 나태한 신앙생활은 인과 관계가 있다. 영적으로 자기가 다 알고, 다 체험하고, 다 얻었다고 하는 착각에 빠지면 간절한 마음으로 사모할 필요를 느끼지 못하게 된다.

10 결국 라오디게아 교인들은 미지근한 신앙생활로 인해 주님을 어떻게 대우하였는지 찾아보자(20절).

문 밖에 세워두고 있다.

예수님을 문 밖에 세워둔다는 것은 예수님을 삶의 주인으로 모시고 있지 않다는 것이다. 즉 그분과 평안한 교제를 나누지 못하는 상태인 것이다. 교만하거나, 스스로 다 된 것처럼 자족하거나, 크고 작은 죄를 범하면 주님이 비록 우리 안에 계신다고 할지라도 교제가 끊어지게 되는 것이다.

11 라오디게아 교인들이 주님을 다시 마음의 보좌에 모실 수 있는 방법은 무엇인가?

영적 자만에 빠지지 않기 위해서는 회개를 철저히 해야 하고, 적극성이 없는 신앙생활을 하지 않기 위해서는 열심을 내어 미지근한 태도를 고쳐야 한다.

회개와 열심은 마음 문을 다시 열고 주님을 왕좌에 모셔 들이게 되는 최선의 처방이다.

12 자신의 마음에서 주님은 지금 어떤 위치에 계신다고 생각하는가? 문 안에 계시는지, 문 밖에 계시는지 생각해 보고 함께 이야기해 보라.

학생들이 라오디게아 교인처럼 영적으로 교만하고, 나태한 신앙생활을 하고 있지는 않은지 반성할 수 있는 시간을 갖도록 한다. 각자의 노트에 적어보게 하는 것도 좋은 방법이다.

13 빌 브라이트 박사는 예수님의 주인 되심을 중심으로 3가지 유형의 사람을 구별해서 그림을 그려놓았다. 그림을 보고 설명하면서 각각 자신의 입장과 비교해서 이야기해 보라.

비그리스도인(에베소서 2장 1-3절)

비그리스도인은 예수 그리스도를 마음에 모신 사람이 아니다. 그렇기에 예수님이 마음 밖에 있는 것이다. 이런 사람은 모든 일들이 바른 가치와 의미를 갖지 못하기 때문에 혼돈이 계속된다.

육신에 속한 그리스도인(고린도전서 3장 1-3절)

주님을 마음속에 받아들였지만 마음의 왕좌에는 여전히 자신이 앉아 왕 노릇하고 있다. 회심할 때 예수 그리스도를 주님으로 받아들였음에도 불구하고, 실제 생활에서는 자신이 자기 삶의 주인이 되어 자기 맘대로 살고 있는 것이다. 여전히 모든 일들이 혼돈 가운데 어지러운 것을 볼 수 있다.

성령에 속한 그리스도인(갈라디아 2장 20절)

그리스도의 주인 되심을 인정하고 삶의 왕좌를 예수께 내어드린 삶이다. 이 사람은 예수 그리스도의 다스리심을 받으며, 모든 일들이 잘 정돈되어 있다.

영적 전투...

목 적 신앙생활이 영적 전투임을 깨닫고 영적 무장을 하여 승리하는 삶을 살도록 한다.

우리의 싸움은 이기는 싸움인가? 지는 싸움인가?

학생들과 함께 도입 부분의 카툰을 보며 이야기를 나눈다. 예수님이 이미 다 승리하셨다는 것을 알고 있는지, 왜 승리하셨는지를 학생들에게 물어본다. 예수님이 다 승리하신 싸움을 우리는 왜 아직도 싸워야 하는 것인지, 그리고 예수님은 승리하셨는데 왜 우리는 지고 있는 것처럼 보이는지, 내가 지고 있다면 그 이유는 무엇인지 서로의 의견을 말한다.

도입질문

1) 그림에서는 예수님이 이미 다 승리하셨다. 이 사실을 알고 있었는가?
2) 예수님이 승리하신 이유는 무엇인가?
3) 이미 예수님이 승리하셨는데 왜 우리는 계속 싸워야 하는가?
4) 우리가 지고 있다면 그 이유는 무엇인가?

1 요한복음 15장 18-19절에는 그리스도인이 영적 싸움을 할 수밖에 없는 이유가 나온다. 여기에서 '세상' 과 '너희' 는 누구를 말하는 것인가?

세상 – 마귀의 지배아래 있는 영적 존재 , 너희 – 제자, 그리스도인

성경이 말하는 세상은 크게 3가지로 나눌 수 있다. 첫째, 피조물로서의 세상(창 41:57) 둘째, 지상에 살고 있는 인간(수 23:14) 셋째, 마귀의 지배 아래 있는 영적 존재(요 8:23)이다. 본문에서의 세상은 이 중 세 번째에 해당하는 세상으로 볼 수 있다.

2 세상이 예수님의 제자, 즉 그리스도인을 미워하는 이유가 무엇인지 생각해 보자(19절).

세상에 속한 자가 아니고 예수님께서 세상에서 택하여 주셨기 때문이다.

세상이 그리스도인을 미워하는 것은 어찌 보면 당연한 일이다. 그리스도인은 세상에 속한 자들이 아니기 때문이다.

3 여기에서 '속하다' 라는 것은 '소속' 을 의미한다. 자신이 세상에 속하여 있는지, 예수님께 속하여 있는지 말해 보라.

학생들이 그리스도인, 예수의 제자로서의 정체성을 다시 한 번 확인할 수 있도록 반드시 질문하고 개개인의 신앙 고백을 들어본다.

4 예수님의 제자로서 세상에서 얼마나 자주 영적 싸움을 경험하는지 함께 이야기해 보자. 만약 그런 싸움을 겪고 있지 않다면 그 이유가 무엇인지도 함께 나누어 보라.

세상은 예수 그리스도를 미워하여 십자가에 못 박았다. 우리가 예수님의 제자라면 당연히 영적 싸움을 경험해야 하며, 우리를 미워하는 세상을 느낄 수 있다. 학생들이 이런 영적 싸움을 경험하고 있는지 함께 나누고, 혹시 그렇지 않다면 우리가 그리스도인으로서 제대로 살고 있지 못한 것은 아닌지 함께 돌아보게 한다.

5 우리가 싸워야 할 대상인 마귀에 대해 좀 더 자세히 알아보자. 다음의 본문에서 마귀를 무엇이라고 표현하고 있는지, 또 마귀의 특성이 무엇인지 찾아보라.

	마귀	마귀의 특성
베드로전서 5장 8-9절	우는 사자	★사자 - 동물의 왕, 용감, 무서움, 힘, 빠름 ★우는 - 배고픔, 먹이에 대한 공격성
고린도후서 11장 14절	광명의 천사로 가장	★속임수, 겉으로만 보아서는 알 수 없음
요한계시록 20장 10절	미혹하는 마귀	★속임수, 지혜로움, 간교함

단순히 답만 찾아볼 것이 아니라 학생들이 우는 사자와 같은 마귀를 얼마나 실감나게 느끼고 있는지, 미혹하는 마귀에 대해 얼마나 긴장하고 있는

지를 함께 나눈다.

6 마귀는 보통 고난과 핍박을 가할 때는 사자 같고, 유혹을 할 때는 여우 같은 특성을 드러낸다. 자신의 어떤 면이 마귀에게 약한지 돌아보라.

학생들이 자신들의 영적 싸움을 돌아보고, 언제 실패하기 쉬운지 솔직하게 나누도록 한다.

7 성경에는 영적 무장을 제대로 하지 않아 실패를 경험한 사람들이 나온다. 어떤 무장이 소홀하였는지 찾아보라.

베드로(마태복음 26장 41절) – 기도

후메내오(디모데전서 1장 19-20절) – 믿음과 착한 양심

데마(디모데후서 4장 10절) – 세상을 사랑함, 마음

8 에베소서 6장 10-18절에는 우리가 갖추어야 할 영적 무장이 자세히 나와 있다. 그 목적에 따라 4종류로 나뉘어 있는데 찾아보고, 영적 무장을 하는 마음으로 직접 그려보라.

① **호신용(14-15, 17절)** – 진리의 띠, 의의 호심경, 평안의 복음의 신, 구원의 투구

호신용, 이 4가지는 구원의 진리에 관한 것이라고 볼 수 있다. 무엇보다도 구원의 진리를 단단히 붙잡아야 우리의 몸을 지킬 수 있다.

② **방어용(16절)** – 믿음의 방패

믿음만 있다면 어떤 공격도 막아낼 수 있다.

③ 공격용(17절) – 성령의 검, 즉 하나님의 말씀

하나님의 말씀이 우리의 공격용 무기다. 우리의 능력으로 이 검을 사용할 수 있는 것이 아니라 성령께서 이 말씀의 검을 사용할 수 있도록 하시기 때문에 성령의 검인 것이다. 평소에 자신이 깊이 깨닫고 마음에 묵상하고 있는 말씀이나 때를 따라 성령께서 생각나게 하시는 말씀이 성령이 사용하시는 검이 될 수 있다.

④ 경비용(18절) – 기도와 간구(항상 깨어 기도할 것, 불침번)

경비용 무기는 불침번이다. 불침번을 서는 군인은 한순간이라도 방심하거나 눈을 붙이면 안 되기 때문에 본문에서는 '항상' 이라고 2번이나 강조하고 있다. 우리에게 불침번은 기도다. 항상 깨어서 기도해야 한다.

9 위의 4가지 영적 무장 중에서 자신에게 가장 부족한 것이 무엇인지 돌아보고, 부족한 점을 어떻게 채울 수 있을지 생각해 보라.

위의 질문에서 군인 그림에 무장을 시키면서 그 군인에 학생들이 자신의 이름을 붙이도록 한다. 스스로 자신의 영적 무장 상태를 돌아보고 부족한 부분은 무엇인지, 어떻게 그 부족을 채울 수 있을지 생각해 보고 함께 나누도록 한다. 군인은 한 군데라도 무장이 뚫리면 다른 무장이 소용없어지므로 전체적인 무장이 매우 중요함을 강조하도록 한다.

10 마귀가 강한 존재임에도 불구하고 우리는 마귀를 능히 이길 수 있다. 아래의 본문에서 그 이유를 찾아보라.

고린도전서 15장 57절 – 예수 그리스도 때문에 하나님이 우리에게 승리를 주심.

요한일서 5장 4-5절 – 하나님께로부터 난 자, 즉 예수님이 하나님의 아들이심을 믿는 자는 세상을 이기기 때문이다.

예수 그리스도는 승리자이고, 우리는 개선장군의 휘하에 있는 군대다. 우리의 싸움은 이미 예수님이 이겨놓은 싸움에서 하는 것이다. 중생한 자, 믿음을 가진 자는 반드시 이긴다. 학생들도 때로는 영적 전투로 지칠 수 있다. 하지만 이미 이긴 싸움을 한다는 사실이 학생들에게 격려가 되며 그리스도의 군인으로서 사기 진작에 도움이 될 것이다.

11 우리는 이미 예수님이 승리하신 싸움을 하는 그리스도의 군사다. 우리의 승리를 확신하며 영적 싸움을 위한 구호를 함께 만들어 외쳐보자.